バイオリンセレクトライブラリー
バイオリンパート
VS.21

LES FEUILLES MORTES
(Autumn Leaves)

Joseph Kosma

枯葉／ジョゼフ・コズマ 作曲

堀越 隆一 編曲／堀越 みちこ 監修

ONKYO PUBLISH

Violin

LES FEUILLES MORTES
(Autumn Leaves)
枯 葉

Music by Joseph Kosma
Arr. by Ryuichi Horikoshi
Supervised by Michiko Horikoshi

© a) Publié avec l'autoriosation de MM.ENOCH & Cie.Editeurs propriétaires, Paris.
b) Paroles Françaises de Jacques PREVERT
c) Copyright 1947 by ENOCH & Cie.
Rights for Japan assigned to SUISEISHA Music Publishers,Tokyo.